TESAURO DE LIBERACIÓN

JOHN ECKHARDT

WHITAKER
HOUSE

Traducción al español realizada por:
Belmonte Traductores
Manuel de Falla, 2
28300 Aranjuez
Madrid, ESPAÑA
www.belmontetraductores.com

Tesauro de Liberación:
Lista de Objetivos Demoniacos

Publicado originalmente en inglés bajo el título: *Deliverance Thesaurus: Demon Hit List*

John Eckhardt, Crusaders Church y IMPACT Ministries
P.O. Box 492
Matteson, IL 60422
www.impactnetwork.net

ISBN: 978-1-60374-707-3
eBook ISBN: 978-1-60374-708-0
Impreso en los Estados Unidos de América
© 2013 por John Eckhardt

Whitaker House
1030 Hunt Valley Circle
New Kensington, PA 15068
www.whitakerhouse.com

Por favor, envíe sugerencias sobre este libro a: comentarios@whitakerhouse.com.

1 2 3 4 5 6 7 8 9 10 11   ⊎   20 19 18 17 16 15 14 13

CONTENIDO

PREFACIO

Según el diccionario en inglés *Webster*, un tesauro es un diccionario de sinónimos y antónimos; cualquier diccionario, enciclopedia u otro libro de referencia exhaustivo; un almacén, depósito o tesoro. La inspiración para escribir un tesauro de liberación llegó en parte por el uso del tesauro de liberación *Roget*. Está muy bien resumido en el libro de Win Worley, *Demolishing the Hosts of Hell*, página 61:

> El tesauro *Roget* es un diccionario y catálogo de sinónimos único organizado de forma temática. Debido a que los demonios tienden a "agruparse" en grupos de familias, el tesauro puede ser un instrumento sorprendentemente útil para identificar demonios dentro de una categoría específica. Comúnmente, los espíritus en grupos "familiares" afines están bajo un gobernante. En la liberación, el don de discernimiento puede dirigir la atención hacia un espíritu en particular. A menudo, el Espíritu Santo dará el nombre de un gobernante. Cuando se obliga a este espíritu a manifestarse, su nombre, localizado en el tesauro, se convierte en una herramienta para descubrir su red de demonios de apoyo. Esto acelerará la liberación y asegurará una barrida limpia de ese grupo en concreto.
>
> Por ejemplo, si se discierne un espíritu de egoísmo y se le fuerza a manifestarse, la referencia en el tesauro revela sus seguidores:

cálculo, egocentrismo, egoísmo, introversión, narcisismo, mezquindad y orgullo. Para profundizar aún más, cada uno de estos nombres también se pueden buscar para asegurar una identificación más detallada de varias deficiencias de carácter y refuerzos espirituales que pudieran estar presentes.

Ya que identificar y descubrir los demonios por su nombre es tan importante en la liberación, la idea de escribir un tesauro de liberación es algo que era necesario hacer. Los demonios se congregan en "grupos", y conocer cómo se asocian es de mucho valor para la persona que realiza liberación. Este tesauro ayudará a dicha persona a identificar los nombres de diferentes espíritus, y también grupos de espíritus juntos que tienden a "agruparse" dentro de las personas que quieren ser liberadas. También será un libro de referencia práctico que la persona involucrada en esta tarea de liberación puede consultar de vez en cuando y que será un almacén de información que ayudará a destruir las obras del diablo.

Los nombres enumerados no solo serán sinónimos de los espíritus más comunes con los que tratamos en liberación, sino también espíritus que tienden a agruparse con ellos, y otra información que será útil para liberar a una persona en cierta área. Los nombres son importantes porque nos ayudan a identificar al enemigo. Recuerde que Satanás es el "príncipe de este mundo" (véase Efesios 6:12) y no le gusta que le expongan. Él y sus seguidores trabajan muy bien cuando pueden actuar en la oscuridad y las tinieblas. Cuando llegan la luz y la identificación (a menudo mediante un nombre), se rompe su autoridad y se destruye su obra.

—John Eckhardt

INTRODUCCIÓN:

¿QUÉ IMPORTANCIA TIENE UN NOMBRE?

Y le preguntó: ¿Cómo te llamas? Y respondió diciendo: Legión me
llamo; porque somos muchos.
—Marcos 5:9

Algunos afirman que no tenemos que saber los nombres concretos de los demonios. A fin de cuentas, ¿qué importancia tiene un nombre? Un nombre es una palabra o frase que designa a una persona. Recuerde que cuando estamos tratando con demonios, estamos tratando con personalidades, no con cosas. Los nombres es lo que usamos para identificar a las personas. Si alguien grita en una multitud: "¡Oiga, USTED! ¡Venga aquí!", usted no sabría a quién se refiere ese "usted" al que la persona está llamando. Pero si alguien grita su nombre en una multitud, habría una respuesta inmediata.

Por lo tanto, los nombres se usan para identificar. Cada uno de nosotros recibe un nombre al nacer que nos identificará durante el resto de nuestra vida. Usted responderá a ese nombre miles de veces en el transcurso de su vida.

Por otro lado, no tener nombre significa ser alguien desconocido o mediocre. Significa ser anónimo; es decir, no reconocido. Los demonios no quieren que usted les reconozca. Quieren ser anónimos. Aunque tienen nombres, prefieren que usted no los conozca.

Es útil a veces saber los nombres exactos de los espíritus con los que está tratando, para destruir cualquier excusa que los demonios pudieran tener para quedarse. A veces los demonios tratan de usar la excusa de que no les ha llamado por su nombre exacto.

Marcos 5:9 nos da una revelación clave al tratar con el enemigo. Jesús ordenó al espíritu que se identificara a sí mismo por nombre. Cuando el enemigo se identificó a sí mismo, Jesús le expulsó. Este es el poder de la identificación. Identificar al enemigo es una clave para expulsarle. Cuantos más creyentes pueden identificar al enemigo por su nombre, más éxito tendrán al expulsar al enemigo.

El nombre de Jesús es el nombre dado sobre todo nombre (véase Filipenses 2:9). Su nombre, por lo tanto, nos da autoridad sobre todo nombre de demonios. Todos los nombres que aparecen en este tesauro están sujetos al nombre de Jesús. Repito: el énfasis es el *nombre*: el nombre de Jesús contra el nombre de los demonios. Gracias a Dios por el nombre de Jesús, el nombre sobre todo nombre.

LISTADO DEL TESAURO

A

ABADÓN (APOLIÓN)

Destrucción, destructor; lugar de destrucción; las profundidades del infierno. Actúa con espíritus de muerte, infierno y la tumba (Hades).

ABANDONO

Rechazo, olvidado, *"triste de espíritu"* (Isaías 54:6), abandonado, expulsado, arrojado, desechado, descuidado, huérfano, herido, profundamente herido, viudo, no deseado, marginado, no querido, soledad, aislamiento. Actúa en viudos y viudas, huérfanos y niños adoptados, haciéndoles sentir abandonados por sus seres queridos.

ABATIMIENTO

Depresión, pesadez, melancolía, tristeza, desesperación, desaliento, desánimo, aflicción, desconsuelo.

ABDOMEN

Estómago, vientre, entrañas. Espíritus serpenteantes de lujuria y espíritus escorpiones de temor pueden alojarse y actuar en el estómago y bajo abdomen. A veces imponemos manos en la zona del estómago y les mandamos que se manifiesten y salgan fuera.

ABOMINACIÓN

Obscenidad, vergüenza, anatema, aborrecimiento, maldad, maldición, horror. (Homosexualidad, lesbianismo, idolatría, brujería, orgullo, mentir y engañar está todo ello considerado como abominación en la Biblia).

ABORTO

Moloc (Levítico 20:1–5), espíritus de Amón (Amós 1:13), aborto espontáneo, asesinato, término prematuro del feto. Actúa con adulterio, muerte, destrucción y odio hacia los niños.

ABORTO ESPONTÁNEO

Nacimiento prematuro (actúa mediante maldiciones), aborto, fracaso.

ABSALÓN

Orgullo, seducción, rebeldía, vanidad, traición, sedición, autopromoción, autoexaltación, autodestrucción, muerte. Actúa en ministerios para socavar la autoridad (2 Samuel 15).

ABUSO

Ofensa, maltrato, tormento, crítica, maldición, explotación, perversión, daño; abuso sexual (violación, incesto, tocamiento); abuso mental (control de la mente, dominio); abuso físico (paliza, magullamiento, crueldad); abuso religioso (legalismo, control, culpa, vergüenza, sectas); abuso emocional (daño, daño profundo, heridas); desprecio (hacer a otros pisotear a alguien); rencor, amargura, odio (al abusador), enojo, resentimiento, temor (al daño, a recibir abuso), recuerdos de la memoria. Romper maldiciones de abuso y echar fuera espíritus relacionados con el abuso.

ABUSO SEXUAL

Abuso, dolor, daño, violación, sodomía, incesto, violación, ofensa, herida, moretón, tormento, maltrato, confusión, culpa, vergüenza, amargura, temor, enojo, odio (al abusador), control mental.

ACAB

Actúa con Jezabel; destrucción del sacerdocio familiar; debilidad en los varones; temor; abdicación de autoridad; débil, irresponsable, abdicar.

ACAPARAR LA ATENCIÓN

Afectación, interpretación, esquizofrenia, rechazo.

ACCIDENTE

Espíritus que provocan heridos, desastre, calamidad, daño, catástrofe, contratiempos, mala suerte, trauma. A menudo actúa mediante una maldición.

ACOSAR

Fastidiar, irritar, molestar, incomodar, atormentar, exasperar, incordiar, asediar, sacar de quicio.

ACUSACIÓN

Satanás (acusador, murmurador), Diábolos, acusador de los hermanos (espíritus que actúan a través de creyentes para acusar a otros), murmuración, sospecha, esquizofrenia, traición, celos, envidia, paranoia, crítica, amargura, rencor, señalar con el dedo, juzgar, falsa acusación.

ADICCIÓN

Compulsión, obsesión, alcohol, drogas (ilegales y medicamentos), nicotina, cafeína, azúcar, ejercicio, despilfarro, comida, ansias. Los espíritus de adicción se alojan en el apetito, estómago, boca, garganta, papilas gustativas y nariz. Entran mediante el rechazo y la herencia.

ADIVINACIÓN

Pitón, falsa profecía, astrología, horóscopos, fenómenos paranormales.

ADIVINAR

Adivinación, bola de cristal, lectura de la mano, cartas del tarot, médium, brujería.

ADULACIÓN

Falsa alabanza, seducción, mentira, engaño.

ADULTERIO

Lujuria, fornicación, infidelidad, promiscuidad, inmoralidad, prostitución, relación extramatrimonial, mentira, engaño, carnalidad, recaer. Se aloja en los ojos (2 Pedro 2:14); actúa con Jezabel (Apocalipsis 2:20). Destrucción (Proverbios 6:32), heridas, deshonra, reproche, vergüenza, espíritu de ruptura matrimonial. Actúa mediante maldiciones de lujuria y adulterio.

ADVERSIDAD

Experiencia dura, prueba, aflicción, desgracia, miseria, dificultad.

AFECTACIÓN

Teatro, interpretación, pretensión, hipocresía. Actúa con esquizofrenia.

AFRODITA

Lujuria, perversión, sensualidad, Venus, amor falso.

ALCOHOLISMO

Baco (dios de la embriaguez), borrachera, adicción y ansias por el alcohol; delirium tremens, intemperancia, intoxicación. Actúa con orgullo (Isaías 28), rechazo, pobreza (Proverbios 23:21), heridas, dolor, pena, desacuerdo, lujuria, perversión, insomnio, violencia (Proverbios 23:29–35), furia, burla (Proverbios 20:1), fuga. Romper todas las maldiciones de alcohol y adicción.

ALERGIAS

Asma, fiebre del heno, problemas respiratorios, bronquitis; espíritus que actúan en los senos nasales y los pulmones. Actúa mediante maldiciones de enfermedad y herencia.

ALTANERO

Altivo.

ALTIVO

Orgulloso, arrogante, autoritario. Actúa con destrucción (Proverbios 18:12); desprecio, *"orgullo insolente"* (Proverbios 21:24, LBLA); engreimiento, vanidad, ego, insolencia, presunción, desdén.

AMARGURA

Rencor, resentimiento, venganza, represalias, raíz de amargura (Hebreos 12:15), amargura oculta, irritar, ajenjo, raíz venenosa, fuerte atadura (Éxodo 1:14), quejarse, murmurar, criticar, envidia, riña (Santiago 3:14), enojo, ira (Efesios 4:31), maldecir (Romanos 3:14), celos. Abre la puerta a la enfermedad.

AMÓN

Incesto, perversión, aborto. Entró en el hijo de Lot y su hija mediante el incesto (Génesis 19:30–38).

ANCESTRAL

Hereditario, maternal, paternal, genealógico, rasgos, étnico, racial, línea de sangre, línea familiar, raíces, árbol genealógico. Las maldiciones ancestrales y hereditarias son resultado de los pecados de los padres (Jeremías 32:18), especialmente brujería, ocultismo, perversión e idolatría.

ANGUSTIA

Sufrimiento, tormento, dolor, agonía, aflicción, dolor de corazón, pena, tristeza, miseria, luto, tortura, ansiedad, crueldad, atadura (Éxodo 6:9), graves aprietos.

ANIMOSIDAD

Hostilidad, enemistad, contención, odio, enojo, riña, resentimiento, venganza, represalias, molestar, irritar.

ANOREXIA NERVIOSA

Trastorno alimenticio, inanición, muerte, miedo a engordar, dieta compulsiva, depresión, autorrechazo.

ANORMAL

Estrafalario, desviado, extraño, raro, poco natural, poco común, curioso, poco usual, irregular. (Cuando los demonios actúan, el resultado de ello serán cosas anormales; cosas que no se pueden explicar naturalmente a menudo son demoniacas).

ANSIEDAD

Preocupación, aprensión, terror, temor, nerviosismo, pánico, inquietud, desasosiego, tensión, displicencia.

ANTICRISTO

Espíritu religioso: actúa fuertemente en las falsas religiones; lucha contra Cristo y la verdad del evangelio; blasfemia, falsa enseñanza, engaño (1 Juan 4:1–6).

ANTISEMITISMO

Odio a los judíos, intolerancia, prejuicio, Ismael, nazi.

ANTISUMISO

Terquedad, rebeldía, desobediencia, propia voluntad, orgullo.

APATÍA

Despreocupación, indiferencia, letargo, pasividad, frialdad, despegue, insensibilidad, languidez, estoicismo.

APETITO

Entre los espíritus que actúan en el apetito están la adicción, glotonería, lujuria por la comida, trastornos alimenticios, anorexia nerviosa, bulimia, inanición, pérdida del apetito.

APRENSIÓN

Temor, pavor, ansiedad, nerviosismo, preocupación, alarma, sospecha, desconfianza.

ARROGANCIA

Rahab (Salmos 89:10), Leviatán (Job 41), orgullo, insolencia, engreimiento, desdén, ego, altivez, altura de miras, superioridad, vanidad, presunción, desprecio, orgullo autoritario, pretensión, opinión exagerada de uno mismo.

ARTES MARCIALES

Kárate, kung fu, judo, etc.; violencia, enojo, asesinato, oculto, brujería, lujuria (todo tipo por nombre).

ARTRITIS

Entra a través de la falta de perdón y la herencia; dolor, tormento.

ASECHANZA

Injusticia, miedo al juicio, miedo a la condenación, miedo a la acusación, miedo a la represión, sensibilidad.

ASESINATO

Odio (1 Juan 3:15), homicidio, amargura, rencor, enojo, malicia, maldad, celos, venganza, represalias.

ASFIXIA

Ahogo, muerte, estrangulación, extinguir.

ASMA

Alergias, problemas respiratorios.

ASTORET

Deidad femenina de Baal; diosa de la fertilidad; lujuria, sensualidad, libertinaje, borrachera.

ASTUCIA

Engaño, fraude, decepción, malicioso, ingenioso, artimaña, sagacidad, perspicacia.

ATADURA

Esclavitud, servidumbre, sujeción, yugos, cadenas, grilletes, cautiverio.

ATADURAS DEL ALMA

Ataduras impías del alma, falsa amistad, brujería, control, manipulación, engaño, autoengaño, ceguera (espiritual), falso amor (formado mediante la fornicación), adulterio. Las ataduras impías del alma deben romperse y se debe expulsar a los espíritus malignos.

ATEÍSMO

Incredulidad, escepticismo, duda, humanismo.

AUTOVIDA

Amor por uno mismo, autocompasión, autodestrucción, autorrechazo, odio a uno mismo, autojustificación, autoexaltación, autopromoción, propia voluntad, autoindulgencia, autogratificación, autogobierno, autoestima, hecho por uno mismo, autoengaño, falsa ilusión, autosuficiencia, autoconfianza, conciencia de sí mismo, centrado en uno mismo, autotortura, interés propio, engreído, interesado, abnegación (yo, mi, me y conmigo), vanidad, ego.

AVARICIA

Lujuria, codicia, egoísmo, tacañería, glotonería. Actúa con la impureza (Efesios 4:19).

AVESTRUZ

Meter la cabeza en la tierra. Esconder, retirar, temor, dureza de corazón, falta de sabiduría (Job 39:13–17), correr y esconderse, escapar.

B

BAAL

Idolatría, lujuria, libertinaje, borrachera; nombre que significa "señor", maestro poseedor, propietario; ligado a Astoret.

BAILAR

Baile rítmico, sensual; baile mundano, baile sucio, lujuria.

BARBARIE

Resentimiento, venganza, represalia, malicia, sadismo, despiadado, implacable, dureza de corazón, sangre fría, celos (Cantar de los Cantares 8:6), ira (Génesis 49:7), asesinato, odio, enojo.

BELCEBÚ

Señor de las moscas (soberano de los espíritus malignos), un espíritu gobernante (Mateo 12:24).

BELIAL

Inutilidad, maldad, destrucción.

BIBLIA

Espíritus que bloquean y obstaculizan a las personas para que no lean y entiendan la Biblia; debate (hacer que la gente discuta la Biblia); Biblia cerrada ("No le dejaré que aprenda"); Logos ("Malinterpreto la Biblia"); ceguera espiritual; cansancio (al leer la Biblia); confusión (al leer la Biblia); abogados (espíritus que estudian las Escrituras con el propósito de debatir y discutir); odio hacia la Biblia, miedo a la Biblia, incredulidad ("No creo la Biblia"); sin entendimiento, sin revelación, oscuridad, velo (2 Corintios 3:15); aburrimiento (al leer la Biblia); forzar y torcer la Palabra (2 Pedro 3:16); dogmático (al enseñar y predicar la Palabra); tradición (hacer que la Palabra no surta efecto; Marcos 7:13).

BLASFEMIA

Maldecir, herejía, impiedad, irreverencia, sacrilegio, lascivia, irrespetuosidad.

BLOQUEO

Obstrucción; espíritus que bloquean el crecimiento espiritual, economía, relaciones, vida de oración, estudio de la Palabra, ministerio y un largo etcétera. Barra, barrera, obstáculo, barricada, muro. Espíritus que impiden, ahogan, cierran, cortan, detienen, disuaden, represan, obstaculizan, arrestan, frustran. Espíritus que bloquean y obstruyen la revelación, la respuesta a la oración, prosperidad o el crecimiento de la iglesia.

BRUJO

Hechicero, mago, conjurador, curandero, adivino, nigromante.

BUDA

Idolatría, muerte, ocultismo, religiones orientales y misticismo, desesperación.

BÚHOS

Idolatría, criaturas de la noche. (Se cree que los búhos y las ranas de cerámica atraen a los demonios a las casas).

BURLA

Ridículo, mofa, desprecio, escarnio, desdén, menosprecio, falta de respeto.

C

CADENA

Organización, orden, sistema, laberinto, maraña, plan, estructura, cadena (los demonios forman cadenas en regiones e individuos).

CALAMAR

Espíritus de control mental con tentáculos, causan confusión, atadura de la mente, aceleración de la mente, dolor mental, migraña y tormento mental.

CALUMNIA

Difamación, asesinato del carácter, acusación, maldecir, injuria, informe falso, mentir, acusador de los hermanos, malicia, maldad, amargura, enojo, odio, maledicencia.

CAMUFLAJE

Disfrazar, tapar, ocultar, cubrir, engañar, esconder; máscara, mascarada, velo, cortina de humo, cegar, camaleón (los espíritus malignos son buenos escondiéndose y camuflando su trabajo); pajar ("Soy difícil de encontrar").

CAPATAZ

Supervisor de esclavos, tirano, déspota, opresor, crueldad, abuso, control.

CARENCIA

Pobreza, insuficiencia. Romper maldiciones de pobreza y falta.

CARGAS

Pesadez, cargas pesadas, ansiedad, albatros, estorbo, carga, dolor, estrés, preocupación, cargas falsas, culpa, opresión.

CARNALIDAD

Carnal, terrenal; lascivia, sensualidad, mundanalidad, lujuria, inmoralidad; pelea, envidia, división (1 Corintios 3:3).

CARTAS DEL TAROT

Brujería, adivinación, oculto.

CEGUERA

Natural y espiritual, oscuridad, andar a tientas, velado, falta de visión, oculto, cubierto, cataratas (natural y espiritual), dureza de corazón, sosería espiritual, falta de discernimiento, ignorancia, engaño, fariseo. Muchos espíritus religiosos actúan para mantener a las personas en la oscuridad con respecto a la verdad y las cosas espirituales.

CELOS

Envidia, sospecha, codicia, resentimiento, maldad, amargura, desconfianza, paranoia, inseguridad, esquizofrenia, egoísmo, odio, alboroto.

CERDO

Glotonería, avaricia, autoindulgencia, inmundicia, puerco.

CHIFLADO

Locura, demencia, aturdido, histeria.

CHISMES

Cotilleo, entrometido, riña, murmurar, mentir, envidia, celos.

CHIVO EXPIATORIO

Víctima, hazmerreír, diana, cabeza de turco.

CISMA

División, sectario, facción, herejía, contención, pelea, espíritus denominacionales, discrepancia, orgullo, carnalidad.

CLARIVIDENCIA

Percepción extrasensorial (PES), presciencia, premonición, telepatía, sexto sentido, adivinación, telekinesia. Los espíritus psíquicos a menudo actúan mediante la herencia.

CÓLERA

Furia, enojo, asesinato, ira, pasión, desvarío, rabia ciega, rabia ardiente.

COMPETICIÓN

Antagonismo, ambición, rivalidad, riña, emulación, contención, orgullo, conducción, discusión, ego, pelea, celos, envidia.

CONCIENCIA

Entre los espíritus que actúan en la conciencia están culpa, condenación, mala conciencia, conciencia quemada, dureza.

CONDENACIÓN

Culpa, acusación, juicio, legalismo, fariseo, control religioso, falsa doctrina, salvación por obras, falsa santidad.

CONFLICTO

Contención, discusión, lucha, confusión, envidia (Santiago 3:16), discordia, enojo, amargura, falta de perdón, orgullo, competencia, odio.

CONFUSIÓN

Desorientación, caos, control mental, desconcierto, Babel (Génesis 11), idolatría (Isaías 41:29), perversión sexual (Levítico 18:23), esquizofrenia, demencia, locura, envidia, pelea (Santiago 3:16), frustración, incoherencia, olvido, confundir, caer en picado ("Le confundí totalmente"), desconcertar ("Le dejé confundido").

CONTENCIÓN

Discusión, pelea, división, riña, discordia, confusión, envidia, celos, orgullo (Proverbios 13:10); desprecio (Proverbios 22:10), enojo, amargura.

CONTROL

Posesividad, dominio, brujería, Jezabel, Acab, espíritus de matriarcado, control religioso, control del pastor, control denominacional, control mental, manipulación, intimidación, temor.

CONTROL MENTAL

Espíritus de pulpo y calamar con tentáculos; confusión, presión mental, dolor mental, migraña. Pedir al Señor que corte los tentáculos del control mental.

CORÉ

Rebelión, sedición (Números 16).

CORRUPCIÓN

Deshonestidad, extorsión, fraude, depravación, inmoralidad, impureza, perversión, vicio, vulgaridad, putrefacción.

CORTEDAD

Retraimiento, miedo, retiro, rechazo, miedo al rechazo, aprensión.

CRÓNICO

Habitual, constante, continuo, arraigado, asentado, para toda la vida, persistente, terco. Enfermedades crónicas, problemas económicos crónicos, problemas matrimoniales crónicos, etc. Problemas y enfermedades que no responden a la oración, el ayuno y la Palabra son condiciones crónicas que se tienen que tratar con liberación.

CRUELDAD

Despiadado, sin corazón, dureza de corazón, rencor, crueldad, sangre fría, degollador, severidad, sin compasión, dureza, orgullo, arrogancia, tirano, bestia de la tierra (Job 40:15–24), control, dominación, egoísmo, perversidad, sin sentir, amargura, maldad.

CULPA

Condenación, indignidad, avergonzarse, autocondenación, sectas, falsa doctrina. Actúa fuertemente con los espíritus religiosos.

CULTOS (SECTAS)

Hare Krishna, Testigos de Jehová, Cienciología, Rosacrucismo, Teosofía, Urantia, Unidad, Mormonismo, Bahaísmo, Unitarianismo; facción, parte, cisma, herejía, falsa enseñanza, espíritus religiosos, control, confusión, engaño, error.

D

DAÑO

Herido, desolado, profundamente dolido, magullado, pena, abuso, crueldad.

DEMENCIA

Locura, manía, enfermedad mental, neurosis, causada por la opresión (Eclesiastés 7:7), por idolatría (Jeremías 50:38) y por una maldición (Deuteronomio 28:28).

DERROCHADOR

Consumir, despilfarrar, adicción a gastar dinero, administrar mal el dinero, deuda, pobreza.

DESAFÍO

Resistencia, rebeldía, antisumisión, antagonismo, insubordinación, desobediencia.

DESOLADO

Dolor, pena, tristeza, lloro, herido, dolido, decepcionado, melancólico, abatido, depresión.

DESORDEN

Rebelión, insubordinación, anarquía, caos, sedición, delito, abandono, licencia, desenfreno, disturbio, permisividad, autoindulgencia, intemperancia, incontinencia, desobediencia, disconformidad, corrupción.

DESTRUCCIÓN

Ruina, devastación, calamidad. Actúa con orgullo (Proverbios 16:18), pobreza (Proverbios 10:15), muerte (Job 28:22), miseria (Romanos 3:16). También actúa mediante maldiciones generacionales (Lamentaciones 3:64–66).

DESVARÍO

Locura, confusión, manía, delirio, desquiciado.

DETENCIÓN DEL DESARROLLO

Espíritus que obstaculizan el crecimiento para hacerse adulto: inmadurez, impedimento, bloqueo, obstrucción de la personalidad, necedad, infantil, juvenil, adolescente; personalidad atada y bloqueada.

DISCUTIDOR

Debate, disputa, contención, riña, pendenciero, discordia, desacuerdo.

DIVORCIO

Espíritu de ruptura matrimonial; dureza de corazón (Mateo 19:3–9), separación, amargura, daño, rechazo, enojo, temor al matrimonio, culpa, vergüenza, condenación.

DOCTRINAL

Falsas doctrinas y enseñanzas de todo tipo; obsesión doctrinal, error, herejía, doctrinas de diablos, doctrinas varias y extrañas; todas las sectas.

DOLOR

Miseria, tristeza, aflicción, angustia, luto, lamento, mala suerte, adversidad, pérdida, percance, corazón roto, punzada, pena profunda, lloro, crueldad.

DOLOR FÍSICO

Entre los espíritus tormentosos de dolor están el dolor de cabeza, migraña, dolor mental (causado por espíritus pulpos de control mental), dolor de estómago, artritis, reumatismo, dolor de espalda, dolor de cuello. Los espíritus de dolor pueden actuar mediante el cuerpo, los lomos (Isaías 21:3). Perpetuo (Jeremías 15:18), aflicción (Salmos 25:18), dolor, recuerdos dolorosos, dolor emocional.

DOMINACIÓN

Control, Jezabel, brujería, espíritus de matriarcado; control de la madre, padre, pastor, iglesia; control religioso, control mental, temor, intimidación.

DRAGÓN

Serpiente de mar, Leviatán (Isaías 27:1).

DROGAS

Legales e ilegales; adicción, reacción, dependencia, hechicería (palabra griega: *farmakeia*, que significa drogas o hechicería; Apocalipsis 9:21). Los mismos nombres que las drogas (ej. heroína, marihuana, etc.); rebeldía, desobediencia, alucinación, depresivo, estimulantes, narcóticos, sedantes, antidepresivos, hipnótico.

DUDA

Incredulidad, escepticismo, autoengaño.

E

EGOÍSMO

Amor por uno mismo, autoindulgencia, egocentrismo, narcicismo, codicia, mezquindad, rechazo.

EMOCIONES

Problemas emocionales, emociones atadas y bloqueadas, dolor, tristeza, lloro, enojo, odio, ira, emociones incontrolables, daño. Ordene a los espíritus salir de las emociones.

ENFERMEDAD

Enfermedad (Lucas 13:10–13), dolencia, padecimiento, plaga, cáncer, artritis (todo el grupo de espíritus bajo *itis*, que significa "inflamación", incluyendo la bronquitis, apendicitis, flebitis, etc.), enfermedad de la sangre, enfermedad de los huesos, enfermedad pulmonar, enfermedad cardiaca, muerte, destrucción, rencor, amargura, infección, virus, tensión alta, diabetes, enfermedades de todo tipo por nombre. Las enfermedades crónicas y las dolencias normalmente son el resultado de maldiciones de enfermedad, muerte y destrucción.

ENFERMEDAD MENTAL

Demencia, locura, confusión, manía, retraso mental, senilidad, esquizofrenia, paranoia, alucinaciones.

ENOJO

Animosidad, cólera, furia, irritar, odio, rabia, resentimiento, genio, indignación, ira (da lugar al diablo: Efesios 4:26–27); violencia, asesinato, crueldad (Génesis 49:6), amargura, falta de perdón, represalias, rencor, venganza, atrocidad, hostilidad, enemistad, necedad. Ordene al enojo que salga del seno (Eclesiastés 7:9).

ENTRAÑAS

Órganos reproductores, fuerza, potencia, virilidad, orgullo por la capacidad sexual. Ordene a los espíritus de lujuria que salgan de las entrañas.

EPILEPSIA

Ataques, convulsiones, crisis.

ESCAPE

Retiro, pasividad, somnolencia, estoicismo, alcohol, drogas, silencio, depresión, apatía.

ESCLAVITUD

Atadura (Romanos 8:15), servidumbre, cautiverio, subordinación, control, dominio, legalismo, ignorancia, miedo, rechazo, autorrechazo, temor al rechazo, odio, amargura, falta de perdón, destrucción, autodestrucción, pobreza, carencia, deuda. (Rompa maldiciones de esclavitud sobre los afroamericanos). Odio hacia las personas blancas/negras, miedo a los blancos/negros, amargura hacia las personas blancas/negras, negrero, Ismael (Gálatas 4:22), rebelión, tozudez, dolor, tristeza, desesperación, angustia, desaliento, frustración, confusión, destrucción del sacerdocio familiar (maldición sobre los hombres), Acab, Jezabel, violación, abuso sexual, impureza sexual, abuso, vagabundo, andar errante, plantación, mentalidad de esclavo, fracaso, racismo, prejuicio, aislamiento, rabia, asesinato, adicción, alcoholismo.

ESCORPIÓN

Tormento; espíritus de temor, muerte, veneno, dolor (Lucas 10:19).

ESFUERZO

Trabajar duro, esforzarse, dificultades, angustia, tormento, dolor, pena, fracaso, frustración, desesperación, desaliento, angustia, agonía.

ESPIRITISMO

Sesión de espiritismo, espíritu guía, nigromancia.

ESPÍRITUS FAMILIARES

Espíritus guías. Estos espíritus están familiarizados con la familia y pasan de generación en generación.

ESQUIZOFRENIA

Doble ánimo, inestabilidad, confusión (Santiago 1:8), arraigado en el rechazo.

La personalidad del esquizofrénico (la verdadera personalidad) nunca se ha desarrollado, debido a una interferencia demoniaca. Las personalidades demoniacas del rechazo (interna) y rebelión (externa) han tomado el poder, causando una personalidad dividida.

Entre los espíritus que actúan bajo el rechazo están: lujuria, fantasía, perversidad, suicidio, culpa, orgullo, vanidad, soledad, temores, llamar la atención, inferioridad, retiro, sensibilidad, frustración, impaciencia, afecto exagerado por los animales, autorrechazo, envidia, desaliento, desesperación, desánimo, indignidad y vergüenza.

Entre los espíritus que actúan bajo la rebelión están: acusación, egoísmo, orgullo, odio, resentimiento, violencia, desobediencia, sospecha, desconfianza, persecución, voluntad propia, tozudez, amargura, enojo, no dejarse enseñar, control, brujería, posesividad, falta de perdón, represalias, autoengaño. (Véase *Proper Names of Demons* de Win Worley. También véase *Cerdos en la Sala* de Frank Hammond).

ESTERILIDAD

Infructuoso, improductivo, sin recompensa, vano, inútil, infecundidad, impotencia. La esterilidad es el resultado de una maldición. Los espíritus estériles pueden actuar en el vientre causando la infertilidad en las mujeres.

ESTOICISMO

Apatía, despreocupación, indiferencia, emociones atadas y bloqueadas, daño, daño profundo, miedo a mostrar emoción, dureza de corazón, miedo a dar y recibir amor, incapacidad para dar y recibir amor.

ESTORBAR

Dificultar, impedir, bloquear, retardar, detener, resistir, frustrar, obstruir, demorar, disminuir, contener.

ESTORBO (BLOQUEO Y OBSTRUCCIÓN)

Espíritus que estorban, bloquean y obstruyen: sin amor, sin ayuda, sin amigos, sin éxito, sin alojamiento, sin piedad, sin entendimiento, sin sabiduría, sin alivio (tormento), sin descanso, sin solución, sin poder, sin habilidad, sin luz (tinieblas), sin sanidad, sin liberación, sin felicidad, sin gozo, sin victoria, sin control, sin futuro (desesperación), sin libertad (control), sin discernimiento (ceguera), sin prosperidad, sin logros, sin dirección, sin nombre, sin identidad, sin confianza, sin paz.

Ninguna puerta abierta (puertas cerradas), sin dinero (pobreza), sin trabajo, sin sentido, sin camino, sin valor, sin dignidad, sin presencia de Dios (Icabod), sin unción, sin bendiciones (maldiciones), sin apoyo, sin moralidad, sin escape, sin compromiso, sin fidelidad, sin autocontrol, sin suerte, sin oportunidad, sin familia, sin transporte, sin movilidad, sin descanso, sin tiempo, sin espacio, sin habitación, sin salud, sin fuerza, sin hogar, sin satisfacción, sin visión, sin consejo. Estos espíritus también son el resultado de maldiciones.

ESTRÉS

Tensión, preocupación, ansiedad, colapso mental, colapso nervioso, derrame cerebral, presión.

F

FALSO

Falso amor, falsa personalidad, falsos dones, falsa profecía, falsas lenguas, falsa revelación, falsa doctrina, falso profeta, falsa enseñanza, falsa iglesia, falsa unción, falsa alabanza, falsa adoración, falsa amistad; falsificar, fingir, engaño, mentira, hipocresía, fariseo, deshonestidad, halagos, pretensión, falsas cargas religiosas, falsa responsabilidad.

FALTA DE OBJETIVOS

Vagar, desviarse, extraviarse, indecisión, falta de propósito.

FANTASMA

Íncubo, súcubo, pesadilla, falsa ilusión.

FATIGA

Cansancio, desánimo, vaguería.

FLIRTEO

Seducción, cambio de personalidad.

FOBIA

Todos los tipos; miedo, miedo irracional, horror, pavor, pánico, susto, aprensión.

FORTALEZA

Castillo, fuerte, baluarte, muralla, fortificación, torre, ciudadela, bastión, guarnición, cosas elevadas, orgullo, imaginaciones (2 Corintios 10:4–5), discusiones, razonamientos, desobediencia, rebelión.

FRACASO

Maldiciones, derrota, frustración, desánimo, suicidio, depresión, pena, confusión, rechazo, tristeza.

FRIGIDEZ

Frialdad, espíritu de ruptura matrimonial. Un espíritu que bloquea la atracción sexual y puede entrar mediante los tocamientos o la violación.

FRUSTRACIÓN

Derrota, decepción, enojo, confusión.

G

GALBANA

Vaguería, flojera, sueño, ociosidad, letargo, pasividad, pesadez, holgazán.

GLOTONERÍA

Nerviosismo, ociosidad, autorrechazo, frustración, indulgencias, comer de manera compulsiva, autocompasión, autorrecompensa, adicción, obesidad.

GROSERÍA

Falta de respeto, orgullo, arrogancia, brusquedad, ignorancia, dureza.

H

HÁBITO

Compulsión, adicción, lujuria, nicotina, alcohol, drogas, hábitos nerviosos.

HADES

Espíritus de muerte, infierno y de la tumba; destrucción, Seol, abismo.

HECHICERÍA

Drogas (palabra griega: *farmakeia*), brujería, mágico, oculto, encantos, encantamientos, hipnotismo, trance, conjuros.

HERENCIA OCULTA

Física, emocional o mental; maldiciones; ancestral, maternal, paternal; lujuria, adicciones; cultural; amargura, enojo, odio, prejuicio, orgullo étnico.

HINDUÍSMO

Falsa religión, desesperación (por el sistema de castas), idolatría, confusión, reencarnación.

HIPERACTIVIDAD

Inquietud, conducción, presión.

HIPOCRESÍA

Engaño, fariseo, astucia, mentir, fingir, falso amor, falsa adoración, falsa santidad.

HOMBRE FUERTE

Espíritu gobernante (Mateo 12:29); hombre fuerte de temor, rechazo, rebelión, lujuria, enfermedad, brujería, etc.

HOMOSEXUALIDAD

Perversión, inmundicia, confusión, lujuria, rebelión.

HORROR

Pavor, aprensión, alarma, temor repentino, terror, miedo, pánico.

I

IDOLATRÍA

Iconos, imágenes, reliquias, Baal, codicia.

IDOLATRÍA MENTAL

Intelectualismo, racionalización, orgullo, ego, orgullo del conocimiento, espíritus filosóficos.

IGNORANCIA

Incomprensión, simplicidad, ceguera, oscuridad, analfabetismo.

IMPORTANCIA

Orgullo.

IMPUDICIA

Desenfreno, lascivia, ninfomanía, concupiscencia, lujuria, promiscuidad, anarquía, incontinencia, desenfreno.

IMPULSIVO

Precipitado, despreocupado, apresurado.

IMPUREZA

Inmundicia, inmodestia, pornografía, adulterio, lascivia.

INACTIVIDAD

Pasividad, pereza, vaguería, depresión, letargo, postergar.

INCAPACIDAD

Para dar y recibir amor; para comunicarse.

INCESTO

Espíritus de Moab y Amón. Actúa mediante maldiciones de incesto, lujuria y perversión. Tabú, ilícito.

INCREDULIDAD

Duda, dureza de corazón, rebelión, desobediencia, miedo, escepticismo, desconfianza, agnosticismo, falta de fe, perverso, sospecha.

INDEPENDENCIA

Autonomía, gobierno propio, rebeldía, aislamiento, autoprotección, autosuficiencia, orgullo, rechazo, temor, desconfianza, autoconfianza.

INDIFERENCIA

Despreocupación, apatía, frialdad, displicente, lánguido, insensible.

INDIGNIDAD

Inferioridad, rechazo, culpa, vergüenza, condenación, esquizofrenia.

INFECCIÓN

Virus, veneno, enfermedad, plaga, dolencia, padecimiento.

INJUSTICIA

Persecución, esquizofrenia, rechazo.

INMORALIDAD

Lujuria, impiedad, irreverencia, inmundicia.

INMUNDICIA

Inmundo (Lucas 4:33; Marcos 9:25), impureza, inmundicia sexual, inmoralidad, suciedad, lascivia.

INQUIETUD

Insomnio, errante, nerviosismo, preocupación, ansiedad, tensión, impaciencia.

INSEGURIDAD

Inferioridad, baja autoestima, temor a lo que otros piensan, duda de sí mismo, timidez, retraimiento, vergüenza, conciencia de sí mismo, incertidumbre.

INTELECTUALISMO

Conocimiento, orgullo, racionalización, razonamiento, filosofía.

IRA

Enojo, resentimiento, rabia, amargura, venganza, represalias, asesinato, falta de perdón, orgullo.

IRASCIBLE

Mal genio, enojo, furia, amargura, sensibilidad, pelear.

IRREALIDAD

Pretensión, soñar despierto, esquizofrenia, retiro, fantasía, negación.

J

JACTANCIA

Orgullo, autoadulación, pretensión, ego, arrogancia, altivez, presunción, exageración, engreimiento, autoaplauso, vanagloria, alardear, chovinismo.

JEZABEL

Dominio femenino, rebeldía, brujería, control, manipulación, prostitución, seducción, falsa doctrina, idolatría, fornicación. Actúa mediante una maldición destruyendo el orden de Dios y el sacerdocio familiar; actúa con Acab en los varones; el nombre significa intocable, sin cohabitar, sin esposo, adúltera, vil, licencioso.

JUEGO

Apostar, compulsión, impulso, lotería, deuda, pobreza, mal manejo del dinero, mentir, crap, doble uno, siete-once, fuera de la pista de apuestas, suerte, azar.

K

KÁRATE

Artes marciales, brujería, control mental, violencia, lujuria, rebeldía, enojo, asesinato.

L

LABERINTO

Dédalo, rompecabezas, complejo, perplejidad, red, desconcierto.

LANGUIDEZ

Vaguería, pasividad, insipidez, pereza, letargo, apatía, indiferencia, tibieza, falta de atención.

LASCIVIA

Concupiscencia, lujuria, carnalidad, impureza, inmodestia, libertinaje, autoindulgencia, incontinencia, pasión sexual, abandono, obscenidad, pornografía.

LAVADO DE CEREBRO

Adoctrinamiento, control de la mente, sectas.

LEGIÓN

Ejército, brigada, regimiento, multitud, masa, gran número, muchedumbre, división, batallón, compañía, tropa, cuerpo, unidad, división, escuadrón, horda, miríada, montón, manada, tropel, grupo (Marcos 5:1–20).

LEÓN

Gato, vigor, señor, guerrero intrépido, tigre, gato salvaje, ferocidad, fiereza, perversidad. (Hay muchos espíritus semejantes a leones en el reino de las tinieblas. Todos los sij tienen el nombre singh, que significa "león", a menudo el león tiene un espíritu gobernante). (Véase 1 Pedro 5:8).

LETARGO

Aletargamiento, insipidez, pesadez, lentitud, estupor, pasividad, pereza, somnolencia, apatía, indiferencia, vaguería, languidez, modorra.

LEVIATÁN

Orgullo, "rey sobre todos los soberbios" (Job 41:34). Monstruo marino, serpiente del mar, dragón, dureza de corazón, vanidad, engreimiento, ego, altivez, coloso, titán, gigante, mamut, mastodonte, arrogancia, terquedad, intranquilidad. Gran serpiente marina, profetizado en Isaías 27:1 que el Señor la destruirá. Actúa mediante una maldición (Salmos 119:21). Actúa con destrucción (Proverbios 16:18).

LIBERTINAJE

Permisividad, prostitución, autogratificación, autoindulgencia, sobreindulgencia, desenfreno, incontinencia, jolgorio, embriaguez.

LIBERTINO

Sensual, hedonista, epicúreo, mujeriego, promiscuo, amante gratuito, adúltero, fornicario, seductor, donjuán, mercenario de prostitutas, proxeneta, prostituto, violador, viejo verde, pervertido, exhibicionista, asaltacamas, Casanova, lobo, crápula, perro.

LOBO

Hombre lobo, carnívoro, voraz; lobo en piel de cordero, falsos profetas, maestros, etc.; avaricia, codicia.

LOCUACIDAD

Esquizofrenia, nerviosismo.

LOCURA

Demencia, necedad, neurosis, histeria, delirio, enfermedad mental, falsa ilusión, desorientación, paranoia, manía, psicosis, trastorno.

LUCHAR

Pelea, violencia, contención, enojo, rechazo, asesinato, odio, furia, combativo.

LUJURIA

Sexual (véase espíritus sexuales), materialista, avaricia, voracidad, codicia, apetito, ambición, avaricioso, codicioso, deseoso, pasión, ansias, abuso, adulterio, pasiones ardientes, concupiscencia, feminidad (en hombres), masculinidad (en mujeres), frigidez, homosexualidad, lesbianismo, inmoralidad, impureza sexual, inmundicia, lascivia, lujuria de los ojos, lujuria de la carne, lujuria de poder, lujuria de posición, lujuria de dinero, masturbación, incesto, violación, prostitución, sodomía, íncubo, súcubo, pornografía, voyerismo, ojos perdidos, perversión, fantasía.

M

MÁGICO

Magia blanca, magia negra, hechicería, adivinación, encarnación, artes negras, vudú, brujería, abracadabra, trampa, truco, ilusión, hechizo, amuleto, encantamiento, nigromancia, conjurar, embrujo.

MAL HUMOR

Enojo, rabia, furia, ira, arrebato, molestarse, ajenjo, pasión, irritación, molestia.

MALDAD

Malicia, animosidad, crueldad, murmurar, resentimiento, odio, enojo, amargura, hiel, ajenjo, envidia, celos, daño, falta de perdón, rechazo, abuso.

MALDECIR

Blasfemar, gesticular de forma ordinaria, cotillear, criticar, murmurar, burlarse de otros, denigrar, quejarse, profanar, abusar, jurar, amargura, odio, enojo, orgullo.

MALDICIONES

Ancestrales y generacionales, el resultado de los pecados de los padres; maldiciones de muerte y destrucción, enfermedad, lujuria y perversión, incesto, violación, enfermedad mental, esquizofrenia, pobreza, brujería, idolatría, destrucción del sacerdocio familiar, Acab y Jezabel, rechazo.

Son síntomas de maldiciones (1) colapso mental y/o emocional; (2) enfermedades crónicas o repetitivas (especialmente si son hereditarias); (3) esterilidad, tendencia a abortar espontáneamente, o problemas femeninos relacionados; (4) ruptura del matrimonio, alienación familiar; (5) continua insuficiencia económica; (6) ser propicio a tener accidentes; (7) historial de suicidios y muertes no naturales o a destiempo (de *Bendición o Maldición*, de Derek Prince); (8) abuso y maltrato a manos de otras personas; (9) estilo de vida de vagabundo.

Maldad, mala fortuna, calamidad, problema, plaga, aflicción, tormento, daño, vejación, gafe.

MALICIA

Odio, animosidad, hostilidad, enojo, ira, amargura, rencor, maldad, envidia, celos, crueldad, asesinato, rencilla, veneno, animadversión, enemistad, mezquindad, malignidad, resentimiento, perversidad (Efesios 4:31).

MAMÓN

El dios del dinero, idolatría (Mateo 6:24). Amor al dinero, codicia, avaricia, corrupción, lucro sucio, materialismo.

MAMUT

Inmenso, enorme, gigante, hipopótamo, bestia de la tierra (Job 40:15–24), leviatán (Job 41), monstruoso, elefante, masivo.

MANIPULACIÓN

Control, engaño, mentira, rechazo.

MAQUIAVÉLICO

Maquiavelo (se pone una conveniencia política por encima de la moralidad; actúa en el gobierno). Astuto, engaño, mentira, deshonestidad, doble trato, artimañas, intriga, astucia (Lucas 13:32), herodiano, artero, oportuno, sin escrúpulos.

MARCIAL

Militante, guerrero, agresivo, combativo.

MARGINADO
Rechazo, náufrago, Ismael, exilio, vagabundo, fugitivo, trotamundos, leproso.

MASCARADA
Disfrazar, camuflar, pretensión, impostor, engaño, Mardi Gras, carnaval, Halloween, máscara.

MASONERÍA
Espíritus masones de brujería, idolatría, maldiciones, ocultismo, engaño, atadura, control, tercer ojo, confusión mental, apatía espiritual, dureza emocional, duda, escepticismo, incredulidad, enfermedades, alergias, destrucción, ruina económica, falsa religión, anticristo, orgullo, estrella oriental.

MASTURBACIÓN
Autogratificación, autoabuso, autocontaminación, fantasía, lujuria, pornografía, Onán (Génesis 38:9), amor propio.

MATRIARCAL
Dominio femenino, Jezabel, control por parte de la madre, esposa dominante, homosexualidad, Acab.

MATRIMONIAL
Divorcio, separación, pelea, división, Acab o Jezabel (espíritus que rompen el matrimonio), brujería.

MAZAROT
Pronóstico, constelaciones, doce signos del zodiaco, astrología, horóscopos. (Véase Job 38:32).

MEDICACIÓN
Adicción a la mediación, hechicería (palabra griega: *farmakeia*), alteración de la mente, somnolencia, modorra.

MELANCOLÍA

Abatimiento, desaliento, depresión, oscuridad, tristeza, pena, desesperación, derrotismo, desánimo, pesadez (Isaías 61:3), dolor.

MEMORIA

Pérdida de memoria, recuerdo recurrente, recuerdos, malos recuerdos, recuerdos dolorosos, recuerdos traumáticos, recuerdos bloqueados, trauma, negación, enfermedad de Alzheimer, pasado.

MENTE VINCULANTE

Confusión, temor al hombre, temor al fracaso.

MENTIR

Hipocresía, astucia, doble trato, deshonestidad, perjurio, engañoso, falsedad, mentiras piadosas, gran mentiroso, engaño, exageración.

MERODEAR

Pasar a hurtadillas, tratar de pasar inadvertido, esconderse, ocultarse, tumbarse a la espera, de puntillas, rondar, emboscada, arrastrarse, agacharse (Salmos 10:10), permanecer oculto. (Véase Salmos 10:8).

METAFÍSICA

Nueva Era.

MEZQUINDAD

Codicia, avaro, egoísmo, poco entusiasta (2 Corintios 9:7), barato.

MISERIA

Sufrimiento, congoja, maldad, agonía, tormento, angustia, aflicción, desdicha, calamidad, dolor. Actúa con destrucción (Romanos 3:16).

MISTICISMO

Ocultismo, esotérico, teosofía, transcendentalismo, metafísica.

MOAB Y AMÓN

Incesto, perversión (hijos de Lot y sus hijas mediante una unión incestuosa). (Véase Génesis 19).

MOLOC

Ídolo al que se le sacrificaban bebés (Levítico 18:21; 20:2–5). Aborto, sacrificio de niños, odio a los niños, asesinato; su nombre significa "rey", "gobernante".

MONARCA

Tirano, dictador, déspota, gobernante supremo, gobernante, rey (los espíritus gobernantes a menudo se identifican a sí mismos con títulos como monarca, gobernante, etc.).

MONO

Diablillo, pequeño granuja, diablo pequeñito, alborotador, agitador, idiota, mimo.

MONSTRUO

Dragón, gárgola, águila agrifada, serpiente marina, monstruo marino (Leviatán; Job 41), espíritu maligno, fantasma, espectro, gigante, bestia de la tierra (Job 40:15–24), simio, gorila, mamut, hipopótamo, Gog y Magog (Ezequiel 38), animal, íncubo, súcubo, horror, terror, pánico, temor repentino, pesadilla, hidra, Gorgona, titán, hombre lobo, ogro, centauro (muchos monstruos de la mitología griega realmente son monstruos), Chimera, zombi, vampiro, Medusa.

MUERTE

Término, muerte prematura por accidentes, ataques de corazón, infartos, cáncer, enfermedades, asesinato, aborto. Actúa mediante maldiciones de muerte y destrucción, ángel de la muerte, la Parca, caballo negro, rey de los terrores, rigor mortis, asesinato, golpe mortal, Moloc, suicidio, fatalidad, letal. Actúa con infierno (Apocalipsis 20:13–14).

MUNDANALIDAD

Espíritu del mundo (1 Corintios 2:12), carnalidad, sensualidad, avaricia, materialismo, anticristo, incredulidad, vanidad, lujuria, orgullo, ambición.

MURMURAR

Mentir, malicia, calumniar, difamar, criticar, abusar, reñir, susurrar (2 Corintios 12:20), envidia, celos, ira, amargura, competencia, hablar maldad.

MÚSICA

Orfeo, Apolo, orgullo en la habilidad musical. Todas las formas (rock, jazz, blues, etc.). Orgullo, vanidad, idolatría de personalidades de la música, tiempo, ritmo.

N

NACIONALISMO

Orgullo (de color, raza, cultura, herencia), aislamiento. Muchos países tienen unos fuertes espíritus de nacionalismo; fascismo, nazi, poder negro, poder blanco, madre Rusia, orgullo alemán, orgullo irlandés, orgullo eslavo, orgullo italiano, etc. Violencia, terrorismo, tribalismo, pureza étnica, racismo, prejuicio.

NARCISISTA

Autocomplaciente, egocéntrico, ego, engreimiento, vanidad, orgullo.

NECEDAD

Sin sentido, irracional, locura, tontería, estupidez.

NERVIOSISMO

Tensión, miedo, ansiedad, aprensión, desasosiego, preocupación, angustia, timidez.

NIDO

Habitación, morada, lugar escondido, foso de iniquidad, lugar de reproducción. Ordene a los demonios que se esconden en las personas que salgan de sus nidos.

NIGROMANCIA

Magia, magia negra, brujería, vudú, conjuración, adivinación, hechicería.

O

OBSCENIDAD

Vulgaridad, indecencia, inmundicia, descaro, vileza, permisividad, inmoralidad, lujuria, suciedad, perversión, pornografía, bestialidad, profanación, lascivia, promiscuidad.

OBSESIÓN

Dominio, control, manía, pasión, afecto excesivo, preocupación (con personas, cosas, pensamientos), fijación.

OBSTRUCCIÓN

Obstáculo, estorbo, barrera, resistencia, dificultad, bloqueo (hay muchos espíritus de placaje y obstrucción como ahogar, puertas cerradas, cortar, cortar de raíz, amordazar, poner bozal, encadenar, atar, controlar, detener, paralizar, etc.).

OCULTO

Secreto, escondido, misterioso. Incluyen brujería, hechicería, adivinación, PES, hipnosis, predecir el futuro, bola de cristal, tablero de ouija, cartas del tarot, masonería, artes marciales, magia, trances, clarividencia, médiums, psíquicos, lectores, consejeros, nigromancia, lectura de la palma de la mano, astrología, yoga, grupos de sanidad metafísica, hipnotismo, películas ocultas, programas ocultos, libros ocultos, juegos ocultos, movimiento de la Nueva Era, amuletos, talismanes, cruz ansata, yin yang, religiones orientales, meditación trascendental, espíritus familiares, atadura oculta, herencia oculta (abre la puerta para múltiples maldiciones de enfermedad, muerte, destrucción, confusión), santería, dragones y mazmorras.

ODIO

Aborrecimiento, aversión, enemistad, mala voluntad, asco, hostilidad, disgusto. Odio a: la verdad, corrección, Dios, Escrituras, hombres, mujeres, marido, esposa, niños, personas de color, personas blancas, judíos, autoridad, predicadores, liberación, la iglesia. Amargura, odio asesino, odio vengativo.

OLVIDO

Bloqueo de la mente, amnesia, pérdida de memoria, abstracción.

OPRESIÓN

Pesadez, mano de hierro, puño de hierro, mano pesada, presión, tensión, cargas, carga pesada, pesos, tormento, aflicción.

ORGULLO

Leviatán (Job 41), arrogancia, pequeño orgullo ("Todos me buscan"), orgullo oculto, dureza de corazón, tozudez, rebelión, rechazo, enojo, furia, orgullo de (conocimiento, éxito, color, raza, posición, poder, cultura, religión, nombre familiar), vanidad, ego, autojusticia, altivez, importancia, juzgar, arrogancia, engreimiento, autopresunción, amor a sí mismo, autoexaltación, superioridad.

ORIÓN

Un gran cazador, un poderoso cazador, Nimrod, orgullo, el nombre significa "florecer", "hermoso", "fuerte"; confianza, impiedad. (Véase Job 9:9).

ORTODOXIA

Conservadurismo, ultra conservadurismo, fundamentalismo, espíritus religiosos, que se resiste al cambio, severidad, rigidez, inflexibilidad, rigurosidad, implacable, dogmático, tradición.

P

PADECIMIENTO

Enfermedad, dolencia, achaque (por nombre), aflicción, cualquier enfermedad o desorden.

PANTERA

Gato negro, gato salvaje, tigre; salvaje, feroz, despiadado, fiero, violento.

PARADOJA

Confusión, laberinto, rompecabezas, dilema, perplejidad.

PARÁLISIS

Espíritus muy poderosos que controlan la columna vertebral; discapacidad, derrame cerebral, parálisis cerebral, atrofia, depresión, tristeza, suicidio, desesperación, incapacitante, parapléjico, cojera.

PARANOIA

Temores, locura, enfermedad mental, sospecha, desconfianza, aprensión, persecución, celos, envidia, confrontación.

PARÁSITO

Sanguijuela, esponja, mendigar, gorrón, fresco, chupasangre, dependencia, control, manipulación.

PAREDES

Mampara, separación, aislamiento, partición (Efesios 2:14), autoprotección, autopreservación, miedo al rechazo, miedo al daño, introvertido, retiro, orgullo, paredes demoniacas de rechazo, dolor, miedo, etc.

PASIÓN

Furia, furia ciega, mal genio, arrebato, enojo, cólera, vehemencia, lujuria.

PASIVIDAD

Languidez, pesadez, sueño, estoicismo, liberalismo, pereza, vaguería, pereza, pesadez mental, tibieza, ociosidad, desinterés, bajón, indiferencia, letargo, retirada, escape, Acab.

PAVOR

Temor, terror, Gorgona, Medusa, pánico, horror, temor repentino.

PENA

Dolor, tristeza, daño, angustia, lloro, lamento, aflicción, corazón partido, desesperación, desánimo, soledad.

PERDICIÓN

Condenación, ruina, destrucción, infierno, abismo, depravado, desolación.

PEREZA

Vaguería, languidez, letargo, adormecimiento, modorra, comatoso, pasividad, pesadez, apatía, lentitud, tardanza.

PERFECCIONISMO

Orgullo, vanidad, ego, frustración, crítica, juicio, irritabilidad, intolerancia, rigidez, exactitud, agitación, crítica excesiva, esquizofrenia, enojo.

PERPLEJIDAD

Confusión, paradoja, laberinto, rompecabezas, desconcierto.

PERRO

Dóberman (vicioso).

PERSECUCIÓN

Injusticia, temor al juicio, condenación, acusación, rechazo, paranoia, sensibilidad.

PERSISTENCIA

Persistir, durar, perdurar, continuar. Condiciones y problemas que persisten después de orar, leer la Biblia, alabar, etc., normalmente son el resultado de maldiciones y demonios.

PERVERSIÓN

Perverso (Isaías 19:14), torcido, desviado, mal uso, perversión sexual, homosexualidad, lesbianismo, incesto, perversión religiosa, falsa doctrina, herejía, brujería, orgullo, vanidad, lujuria.

PESADILLA

Monstruo, íncubo, súcubo, fantasma, miedo a la noche, miedo a la oscuridad, miedo a las pesadillas, *"terror nocturno"* (Salmos 91:5), malos sueños.

PESIMISMO

Cinismo, duda, incredulidad, sospecha, desesperanza, desánimo, falta de confianza, verlo todo negro.

PITÓN

Adivinación (Hechos 16:16–18). Una gran constrictor. (Estos espíritus exprimen la vida de las relaciones, las iglesias, etc.).

POCO ENSEÑABLE

Orgullo, terquedad, rebelión, esquizofrenia.

POMPOSO

Orgullo, arrogancia, engreimiento, altivez, autoexaltación, grande, llamativo, alardear, vanidad, aires, pretensión, autoaplauso, alto y fuerte, hinchado, estirado, engreído, dominante.

PORNOGRAFÍA

Erótica, aplicada, clasificado X (libros, películas, videos), cosmoramas, obscenidades, fantasía, lujuria, perversión (sexo oral, sexo anal, homosexualidad, lesbianismo, orgías, bisexualidad), control mental, lascivia, concupiscencia (1 Pedro 4:3), inmundicia (Efesios 5:3), sensualidad, carnalidad, prostitución, voyerismo, lujuria de los ojos, masturbación, nudismo, un espíritu de ruptura matrimonial, curiosidad, vergüenza, culpa, condenación, impureza sexual, deshonra.

POSESIVIDAD

Control, codicia, esquizofrenia, avaricia, envidia, celos, inseguridad, rechazo.

PREEMINENCIA

Orgullo, autoexaltación, Diótrefes (3 Juan 9), superioridad, dominio, control, competición, mala ambición, celos, envidia, importancia, prestigio, rivalidad.

PREJUICIO

Intolerancia, antisemitismo, antiamericanismo, odio a la raza negra, odio a la raza blanca, apartheid, poder blanco, poder negro, racismo, intolerancia, amargura, enojo, acusación, prejuicio, segregación racial, cerrado de mente, ignorancia, orgullo racial, juicio prematuro, prejuicio religioso, prejuicio cultural, prejuicio racial, rechazo, autorrechazo, temor.

PREOCUPACIÓN

Ansiedad, miedo, pavor, aprensión, timidez.

PROBLEMA

Aflicción, opresión, cargas, adversidad, contratiempo, sufrimiento, angustia, tiempos duros, pena, dolor, vejación.

PROMISCUIDAD

Prostitución, fornicación (Oseas 5:4), impureza sexual, lascivia, flojedad, lujuria, perversión, adulterio, inmundicia, salvaje, licencioso.

PROPIA VOLUNTAD

Rebelión, tozudez, desobediencia, antisumisión, egocentrismo.

PROSTITUCIÓN

Pafian, Afrodita, fornicación, Jezabel, proxeneta, abuso. Llega a través de una maldición, violación y abuso sexual. Rechazo, rebelión, daño, drogas, alcohol.

PSIQUIATRÍA

Psicología, espíritus de Sigmund Freud, control mental, confusión.

PSÍQUICO

Espíritus psíquicos de herencia, PES, espiritualismo, clarividencia, lector, consejero, oculto.

PULPO

Control mental, atadura mental, tormento mental, migraña, dolor de cabeza, pulpo (espíritus con tentáculos).

Q

QUEMOS

Ídolo de los moabitas que significa dominador, depresor, vencedor, un íncubo (espíritu sexual que intenta tener relaciones sexuales con las mujeres) o súcubo (espíritu sexual que intenta tener relaciones sexuales con los hombres), oculto, el planeta Saturno.

QUIROMANCIA

Lectura de la mano, predicción de la suerte, adivinación, oculto.

R

RACIONALIZACIÓN

Intelectualismo, lógico, analítico (le cuesta recibir las cosas del Espíritu), idolatría de la mente.

RAHAB

Orgullo, un monstruo marino, el nombre significa "atroz", "violento", "tumulto", "fiero", "orgullo", "vano", "insolente" (Salmos 89:10; Isaías 51:9).

RAQUEL

Rehusar la comodidad, dolor (Mateo 2:18). Actúa con las secuelas del aborto.

RAYOS-X

Pornografía, lascivia, desnudez, lujuria, perversión, prostitución, inmundicia, impureza sexual, homosexualidad, lesbianismo, orgía, lascivia, suciedad, obscenidad, rebelión, desobediencia, mala conducta, prostitución.

REACCIÓN VIOLENTA

Los demonios toman represalias y atacan a los que atacan y destruyen el reino de Satanás. A esto se le llama reacción violenta, reacción, repercusión, resentimiento, resistencia, respuesta y represalia.

REBELIÓN

Antisumisión, propia voluntad, egocentrismo, autoengaño, autoilusión, autoseducción, acusación, crítico, orgullo, no se deja enseñar, sospecha, desconfianza, persecución, confrontación, control, posesividad, desobediencia, tozudez, brujería (1 Samuel 15:23), sedición, desafío, odio a la autoridad, enojo, odio, violencia, asesinato, resentimiento, rencor, represalia, recuerdos, paranoia, amargura (raíz de), daño, rechazo (abre la puerta a la rebelión), inconformidad.

RECAÍDA

Volver a caer, lapso, regresión, revés, apostasía, reversión, marcha atrás, dar un patinazo, regresar, caer de espaldas.

RECHAZO

De la figura materna, paterna, hermanos; autorrechazo; rechazo desde el vientre. Daño, profundo daño, herida, magulladura, baja autoestima, enojo, amargura, rencor, lujuria (un sustituto del verdadero amor), fantasía, prostitución, orgullo (un espíritu para compensar el rechazo), envidia, celos, inferioridad, inseguridad, ineptitud, tristeza, dolor, pena, autoacusación, autocondenación, depresión, desesperación, desaliento, pelea, logro, actuación, competencia, retiro, soledad, independencia, aislamiento, egocentrismo, crítica, codicia, autocompasión, posesividad, perfeccionismo, marginado, fugitivo, oveja negra.

El rechazo puede abrir la puerta a una multitud de espíritus, incluyendo rebelión, orgullo, amargura, autocompasión, escape, culpa, inferioridad, inseguridad, temor, desesperación, temor al juicio, estar a la defensiva, desconfianza, desánimo, irrespetuosidad, dureza, perfeccionismo, falsa compasión, falsa responsabilidad, lujuria material, lujuria sexual, perversidad, autoacusación, confesión compulsiva, autopromoción, llamar la atención, control, introversión, miedo al amor, autoengaño, suicidio, indignidad, vergüenza, vanidad, intolerancia, frustración, impaciencia, injusticia, hacer un mohín, irrealidad, soñar despierto, imaginación detallada, conciencia de sí mismo, timidez, sensibilidad, hablar mucho, nerviosismo, tensión, excesivo amor por los animales.

RED

Trampa, treta, enredo, escollo, tela de araña (Isaías 59:5), bomba trampa.

RELIGIOSO

Obsesión doctrinal, denominacionalismo, legalismo, conservadurismo, intolerancia, dogmatismo, tradición, prejuicio religioso, división, engaño, control, misticismo, orgullo religioso, desequilibrio, idolatría, sectarismo, herejía, falsa doctrina, error, confusión, incredulidad, resistencia a la verdad, discusión, sectas (Testigos de Jehová, ciencia cristiana, mormonismo, teosofía, cienciología, espiritualismo, religiones orientales, hinduismo, islam, bahaísmo, unidad, masonería).

Hipocresía, fariseo, la única verdad (iglesia de Cristo), autojustificación, soy más santo, falsa santidad, falsas lenguas, falsos profetas, salvación por obras, metafísica, lobo, mercenario, atadura, otro Jesús, otro espíritu, otro evangelio, ángel de luz, filosofía, hacer tilín en los oídos, espíritus seductores, doctrinas de demonios, ortodoxo (griego, ruso, del este), iconos.

Orar a los santos, falso bautismo, salvación mediante el bautismo, rígido, estricto, fijo, exacto, excesivamente religioso, culpa, condenación, cisma, apostasía, intolerancia, fanatismo, papismo, papado, eminencia, preeminencia, ceremonias, ritos, idolatría a María, reliquias, recaer, escepticismo, materialismo, superstición, ceremonial, falso sacerdocio, miedo a perder la salvación, miedo a recaer, formalismo, miedo de Dios, miedo del infierno, religiosidad, juicio, seducción, intolerancia.

RENIEGO

Maldición, profanación, conversación sucia, lenguaje perverso, orgullo, vociferante, obscenidad, impiedad, irreverencia, enojo, amargura, odio.

REPRESALIAS

Venganza, maldad, amargura, asesinato, autovindicación, ojo por ojo, diente por diente, contraataque, retaliación, satisfacción, enojo, ira, malicia, rabia.

RESENTIMIENTO

Amargura, maldad, venganza, represalias, crueldad, enojo, odio, rencor, ofensa, descaro, ajenjo, furia, asesinato, malicia, celos, envidia, sospecha, animosidad, irritación, fastidio, indignación.

RESISTENCIA

A la verdad, la Palabra, al Espíritu Santo, salvación, liberación, alabanza y adoración, oración. Oposición, tozudez, dureza de corazón, obstinado, impedimento, obstrucción, pelea, discutir, debatir, temor, odio a la verdad, odio a Dios, Janes y Jambres (2 Timoteo 3:8), rebelión, desobediencia, contención, brujería, incredulidad.

RETIRO

Escape, aislamiento, introvertido, rechazo, miedo, desánimo, pasividad, somnolencia, alcoholismo, drogadicción, desesperación, desmayo, soñar despierto, fantasía.

RETRASO MENTAL

Impedimento físico, obstáculo, obstrucción.

RÍGIDO

Tieso, duro, inflexible, no cede, firme, a su manera, terco, estricto, cerrado de mente, prejuicio, acorazado, dureza, se resiste a cambiar.

ROBAR

Cleptomanía, ladrón, mentir, codiciar, hurtar, carterista.

RUMOREAR

Quejarse, susurrar, amargura, criticón, acusación, rebelión, lujuria, impaciencia, incredulidad.

S

SABOTAGE

Traición, subversión, deslealtad, jugarreta, daño, rebelión.

SACRÍLEGO

Blasfemia, obscenidad, irreverencia, herejía, infiel, impío, inmundo, corrupto, indecente.

SALVAJE

Ismael (Génesis 16:11–12), rechazo, enojo, rebelión, indómito, violencia, antisumisión, desafío, lucha, discusión, terquedad, autorrechazo, orgullo, rebelde, desobediencia.

SANTURRÓN

Autojustificación, yo soy más santo, fariseo, falsa piedad, falsa santidad, hipocresía.

SAQUEADOR

Asaltar, errante, saquear, pillaje, cazar.

SATANÁS

Lucifer, Belcebú, Belial, Moloc, Abadón, Apolión, Azazel, Maligno, Malvado, Serpiente, Dragón, Dragón rojo, Príncipe de las tinieblas, el Adversario, Archidemonio, Asmodeo, Mentiroso, Asesino, dios de este mundo.

SÁTIRO

Cabra, libertino, desenfreno, conquistador, fornicario, seductor, don Juan, macho, ladrón de corazones, mujeriego, Casanova, violador, asaltacamas, gigoló.

SECTA

División, orgullo, cisma, carnalidad, falsa enseñanza, denominaciones, separación, cultos, contención, fariseo, saduceo, intolerancia, dogmatismo, error, herejía, control.

SEDUCCIÓN

Jezabel, Dalila.

SENSIBILIDAD

Conciencia de sí mismo, temor al hombre, temor a la desaprobación, represalias, susceptibilidad, hipersensibilidad, de genio vivo, que se duele fácilmente, rechazo, rechazo profundo, enojo, amargura, impaciencia, excitabilidad, susceptible (a la brujería, control mental, daño, lujuria, orgullo), irascibilidad.

SENSUALIDAD

Placer, amor al placer, epicúreo, glotonería, borrachera.

SERPIENTE

Pitón, constrictor, cobra, áspid (Romanos 3:13), culebra, serpiente marina, Leviatán, lujuria, engaño, sutileza (2 Corintios 11:3), astucia, astuto. (Véase Lucas 10:19).

SERPIENTE MARINA

Leviatán, Rahab, dragón.

SESIÓN DE ESPIRITISMO

Endor (1 Samuel 28:7). Adivinación, brujería, nigromancia, conjuro, médium, espíritus familiares, apariciones, fantasmas, espíritus, oculto.

SEXUAL

Impureza sexual, Pafia, Afrodita.

SITIO

Asedio, cortar la fuente, cerrar, rodear, encajonar, cortar las líneas de abastecimiento, guerra de sitio, inanición, hambruna, desesperación, desánimo, muerte, destrucción, suicidio, temor, confusión.

SODOMA Y GOMORRA

Perversión, homosexualidad, quemar, consumir con fuego, intrigas secretas, artimañas ocultas, conspiración encubierta, autoritario, tiranía, opresión.

SOLEDAD

Aislamiento, alienación, retiro, depresión, desesperación, desánimo, derrotismo, rechazo, imposibilidad, suicidio, muerte, insomnio, pesadez, indignación.

SOSPECHA

Desconfianza, miedo, paranoia, acusación, duda, rechazo, daño.

SUBALTERNO

Subordinado, suplente, asistente, inferior (los espíritus de menor rango actúan bajo tenientes, capitanes y gobernantes).

SUBLEVACIÓN

Absalón (2 Samuel 15), crueldad, odio, rebelión, orgullo, celos.

SUCIEDAD

Polución, mugre, asquerosidad; de la carne y del espíritu (2 Corintios 7:1); travesura, maldad (Santiago 1:21).

SUICIDIO

Autodestrucción, depresión, oscuridad, desánimo, muerte, kamikaze, ruleta rusa, asesinato, desaliento, desesperación, angustia, desear la muerte, locura, confusión, rechazo.

SUPERSTICIÓN

Brujería, falsa ilusión, engaño, miedo, augurios, accidentes, demonios, fantasmas, miedo a la brujería, paranoia, idolatría.

T

TEMOR

A tomar malas decisiones, a: rechazo, resultar herido, juicio, autoridad, fracaso, hombre, oscuridad, estar solo, muerte, brujería, alturas, demonios, liberación, perder la salvación, desaprobación, acusación, estar equivocado, dones espirituales, responsabilidad, matrimonio, tener niños, dolor, enfermedad, confrontación, cáncer, conducir, demencia, ataque al corazón, al futuro, multitudes. Horror, pánico, miedo, temor repentino, terror, pavor, aprensión; produce tormento (1 Juan 4:18).

TENIENTE

Asistente, asesor, ayudante, suplente, segundo en mando, mano derecha, capitán de grupo, líder de escuadrón. (Satanás tiene muchos demonios que actúan como tenientes bajo su mando).

TENSIÓN

Ansiedad, estrés, aprensión, miedo, preocupación, displicencia, cargas pesadas, cansancio.

TERCER OJO

Ojo de Ra, brujería, segunda visión. Un espíritu de brujería actuando entre los ojos en el área de la frente.

TERCO

Tozudo, obstinado, rebelión, desobediencia, orgullo, Leviatán (Job 41).

TÉRMINO

Muerte, enfermedad terminal, destrucción, muerte prematura, cáncer.

TESTARUDO

Obstinado, terco, voluntad propia, voluntad propia infantil, insumiso, rebelde, independiente, inflexible, contrario.

TESTIGOS DE JEHOVÁ

Secta, otro Jesús, otro espíritu, otro evangelio, herejía, falsa doctrina, error; orgullo; crítico; espíritus religiosos incluyendo engaño, debate, discutidor, falsa profecía, resistencia a la verdad.

TIGRE

Violencia, ferocidad, lucha, salvaje.

TIMIDEZ

Rechazo, autoconciencia, retraimiento, miedo, duda, miedo al rechazo, retiro, aprensión, nerviosismo, baja autoestima.

TIRANO

Dictador, control, dominación, orgullo, bestia de la tierra (Job 40:15–24), gobernante supremo, supervisor de esclavos, capataz.

TRAGEDIA

Calamidad, catástrofe, trauma, shock, muerte, destrucción.

TRAICIÓN

Engaño, deshonestidad, traición, Judas Iscariote, felonía, sedición, deslealtad, hipocresía, celos, crueldad, rebeldía, amotinamiento.

TRATA

Lujuria, Jezabel, perversión, inmundicia, rechazo, seducción, violación, abuso sexual, pornografía, carnalidad, desnudez, lascivia, homosexualidad, lesbianismo, sodomía, idolatría, adulterio, fornicación, Gomer (Oseas 1:2–3). (Véase Oseas 5:4).

TRAUMA

Shock, angustia, sufrimiento, agitación, accidentes. (Las experiencias traumáticas abren la puerta para que entren los espíritus, entre ellos temores, daños y amargura).

TRAVESTIDO

Perversión, desviado, homosexualidad, confusión, rebelión, rechazo.

TRAVESURA

Problema, mala conducta, mal comportamiento, trastada; actúa con vanidad (Salmos 10:7), alardear (Salmos 52:1), dolor (Salmos 55:10), y brujería (Hechos 13:8–10). (Véase Proverbios 4:16).

TUMOR

Enfermedad, cáncer.

V

VACÍO

Desolación, desaliento, miseria, tristeza, congoja, oscuridad, abatimiento, melancolía.

VAGAR

Trotamundos (Jeremías 48:12), itinerante, sin techo, rechazo, marginado, pobreza. Este espíritu entra mediante la maldición del vagabundo (Salmos 109:10).

VAGABUNDO

Vagar, errante, nómada, apartarse, sin objetivo, ambulante, itinerante, pobreza, rechazo, marginado, gitano.

VANIDAD

Orgullo, ego, engaño, amor a sí mismo, narcisismo, presunción, rechazo, pavo real, vanagloria.

VENENO

Malevolencia, mordedura de serpiente, descaro, ajenjo, amargura, rencor, falsa enseñanza, falsa doctrina, herejía, tóxicas (amistades, relaciones), maligno, ruinoso, maldad, calumnia, dolor.

VENGANZA

Maldad, mala voluntad, amargura, animosidad, veneno, furia, ira, violencia, crueldad, ojo por ojo, diente por diente, vendetta, contraataque, malicia, daño, rechazo, espíritu herido.

VERGÜENZA

Desgracia, deshonra, daño, escándalo, reproche, temor, culpa, condenación.

VÍCTIMA

Sufridor, pusilánime, chivo expiatorio, felpudo, abuso, rechazo, presa, presa fácil.

VIOLACIÓN

Asalto, abuso, abuso sexual, forzar (Lamentaciones 5:11), deshonra, daño, amargura, enojo, asesinato, venganza, represalia, odio (a los hombres o abusadores), miedo (a ser violada o a sufrir abuso), tormento, confusión, culpa, vergüenza, recuerdos, trauma, shock, aborto, suicidio, locura, colapso. Abre la puerta para que entren espíritus de prostitución, frigidez y fornicación.

VIOLENCIA

Rabia, enojo, furia, venganza, represalia, asesinato, rechazo, odio, crueldad.

VOLUNTAD

Entre los espíritus que controlan la voluntad están lujuria, rebelión, terquedad, propia voluntad, voluntad bloqueada y atada, pérdida de la fuerza de voluntad, sin voluntad para luchar, resignación, desesperación y suicidio.

VUDÚ

Hechicería, brujería, magia negra, mal de ojo, maleficio, molestar, conjuro, encanto, hechizo, oculto, espiritismo, miedo a la brujería.

Y

YOGA

Oculto, brujería, control de la mente, meditación, kundalini.

DEMONIOS QUE ATACAN EL CUERPO FÍSICO

Tomado de
A Manual for the Deliverance Worker
por Frank Marzullo y Tom Snyder

Los espíritus malignos a menudo se alojan en ciertas partes del cuerpo.

ZONA ABDOMINAL Y PELVIS

Espíritus que causan una mala función y problemas en el hígado, bazo, intestinos, páncreas, vejiga, riñones, aparato urinario, intestino grueso y delgado, órganos reproductores, incluyendo espíritus de cáncer en estos órganos.

HUESOS, CUELLO, ESPALDA Y ARTICULACIONES

Espíritus que causan dolor, incapacitación, balanceo, curvatura de la columna, artritis reumática, artritis, bursitis, esclerosis múltiple, espíritu que afectan la médula espinal, sistema nervioso, espalda, vértebras, médula.

ZONA PECTORAL

Espíritus que causan problemas de corazón y pulmonares, presión sanguínea anormal, latido irregular, hipertrofia cardiaca, cáncer de mama, tumores, quistes, enfisema, problemas respiratorios.

OÍDOS

Espíritus de sordera, pitido en los oídos, dolor de oído, infecciones de oído, problemas en el oído interno, síndrome de Meniere, pérdida del equilibrio, confusión, sordera espiritual, espíritus de error, espíritus mentirosos.

OJOS

Espíritus que causan ceguera, cataratas, glaucoma, motas, miopía, hipermetropía, ojo vago, bizquera, ojos secos, todas las demás enfermedades y debilidades de los ojos, lujuria de los ojos, pornografía, ojo maligno, brujería.

CABEZA

Espíritus que causan embolias, daño cerebral, cáncer, tumor, quistes, coágulos de sangre, epilepsia, meningitis, Alzheimer, psicosis de todo tipo, esquizofrenia, paranoia, fobias de todo tipo, doble ánimo, retraso mental, senilidad, alucinaciones, manías, locura, confusión, olvidos, frustración, postergar, atadura de mente, atadura, preocupación, miedo, pavor, ansiedad, estrés, presión, espíritus ocultos, espiritismo, satanismo, pesadillas, migrañas, dolores de cabeza, tormento mental, suicidio.

BOCA

Espíritus que causan descomposición de los dientes, infección de la encía, caries, mala mordida, mandíbula encajada, rechinar los dientes, afta, úlcera en el labio, pérdida del gusto, mal aliento, piorrea, tartamudear, mudez, sexo oral, espíritus de serpiente, espíritus mentirosos, jurar, blasfemia, historias sucias, chismear, bocazas, adicción, alcohol, tabaco, glotonería.

OMBLIGO

A menudo, un punto de entrada para los demonios se produce a través del cordón umbilical antes de nacer, o al nacer. Los espíritus de herencia y maldiciones y espíritus de estirpe ancestral. (Véase *Demons Defeated* por Bill Subritzky).

NARIZ

Espíritus que causan pérdida de olor, hemorragia nasal, goteo postnasal, sinusitis, pólipos, dificultades respiratorias.

COLUMNA

Muchos espíritus se alojan en la columna, incluyendo escoliosis, columna encorvada, curvatura, kundalini, brujería, enfermedad, discapacidad, parálisis.

GARGANTA

Espíritus que causan resfriados, virus, trastornos tiroideos, bocio, laringitis, ganglios, pólipos, amigdalitis.

OTRAS ÁREAS

Espíritus de lujuria y temor se pueden instalar en la zona estomacal. La lujuria también se puede alojar en cualquier parte del cuerpo que haya cedido al pecado sexual (Romanos 6:16) incluyendo la masturbación (manos), sexo oral (boca y lengua), homosexualidad (recto) y pornografía (ojos).

Espíritus de lujuria también se alojan en los genitales. Muchos espíritus de enfermedad se alojan en la columna (Lucas 13:11). La brujería se puede alojar en las manos (Miqueas 5:12); y los espíritus de adicción a menudo se alojan en el estómago, boca, garganta y lengua (papilas gustativas).

ACERCA DEL AUTOR

Apóstol y superintendente de Crusaders Ministries, situado en Chicago, Illinois, con cerca de 4.000 asistentes semanales en varias localidades, John Eckhardt tiene un fuerte llamado apostólico y ha ministrado por todos los Estados Unidos y en el extranjero en más de cuarenta naciones. John es un reformador apostólico llamado a perfeccionar a los santos impartiendo verdades bíblicas, incluyendo liberación y guerra espiritual, y activando los dones del Espíritu para levantar ministerios fuertes en el cuerpo de Cristo.

John fundó la red IMPACT (Ministerios Internaciones de Iglesias Proféticas y Apostólicas Juntos) en 1995. Desde entonces, ha crecido hasta incluir más de cuatrocientas iglesias y ministerios en veinticinco naciones. La red IMPACT se está levantando como un vehículo para una reforma apostólica global. Como parte de su llamado como apóstol de Jesucristo, John está activando y ordenando apóstoles y profetas por todo el mundo para facilitar esta actual reforma, junto con la organización de poderosas conferencias apostólicas en muchas naciones.

Junto a sus responsabilidades apostólicas, John Eckhardt es parte del profesorado de Wagner Leadership Institute (Instituto Wagner de Liderazgo). Está muy solicitado para asistir a conferencias internacionales como orador, y ha escrito más de treinta y cinco libros. Su programa de televisión, *This Week with John Eckhardt* [Esta semana con

John Eckhardt], se ve semanalmente en todos los Estados Unidos en la red WORD. John es también el fundador del Instituto Apostólico de Ministerio (AIM), dedicado a enseñar la verdad y entrenar a líderes en el ministerio apostólico y profético, actualmente a través de talleres y seminarios, pero con una visión futura de tener unas instalaciones fijas establecidas en muchas naciones.

John y su encantadora esposa, Wanda, residen en un suburbio de Chicago con sus cinco hijos.

Para pedir libros y cintas de John Eckhardt,
por favor póngase en contacto con:

Crusaders Church y IMPACT Ministries
P.O. Box 492
Matteson, IL 60422
(708) 922-0983
www.impactnetwork.net